AF203786

Jedes Denkmal hat eine Geschichte, und es vertritt eine Geschichte. Und beide gehören aufgeschrieben und festgehalten, damit das Denkmal auch für die Nachwelt seiner Bestimmung als „Denk-Mal!" gerecht werden kann.

Der Pilotenstein von Thuine

oder:

Die Sucht nach dem Wunderbaren

Impressum:
© 2019 Anton Wiechmann
erste Auflage
Umschlaggestaltung: Selbst erstellt nach Vorlage der tredition GmbH, Hamburg

Verlag und Druck: tredition GmbH, Halenreie 40-44, 22359 Hamburg

ISBN Taschenbuch: 978-3-7497-7893-5 (Paperback)

Das Werk, einschließlich seiner Teile, ist urheberrechtlich geschützt. Jede Verwertung ist ohne Zustimmung des Verlages und des Autors unzulässig. Dies gilt insbesondere für die elektronische oder sonstige Vervielfältigung, Übersetzung, Verbreitung und öffentliche Zugänglichmachung.

Bibliografische Information der Deutschen Nationalbibliothek:
Die Deutsche Nationalbibliothek verzeichnet diese Publikation in der Deutschen Nationalbibliografie; detaillierte bibliografischen Daten sind im Internet über http://dnb.d-nb.de abrufbar.

Sämtliche Abdruckgenehmigungen liegen vor:
- Lingener Tagespost per Email vom 15.11.2019
- Gemeinde Thuine per Email vom 16.11.2019
- Zeitzeuge Schmees mit Datum und Unterschrift vom 18.11.2019

Inhalt:

1. Persönliches Vorwort des Verfassers

Ein historischer Bericht hätte es werden sollen, diese hier vorliegende Schrift. Orientiert an wissenschaftlichen Prinzipien, sachlich distanziert und nüchtern. Allerdings wird bei diesem Bericht über die ganz nahe Vergangenheit der Gemeinde Thuine nicht nur „recherchierte" Geschichte verarbeitet. Zu einem ganz großen Teil handelt es sich um persönlich „erlebte" Geschichte. Der Verfasser ist dabei gewesen als Betroffener in seiner damaligen Funktion als Mitglied des Gemeinderates von Thuine.

So ist in diesem Bericht einiges enthalten, das aus der persönlichen Erinnerung des Verfassers stammt, wo er also den Zeitzeugen abgibt mit allem, was man einem Zeitzeugen vorhalten kann: Betroffenheit, subjektive Sichtweisen, einseitige Wertungen, persönlich gefärbte Darstellung. Man kann also zu der Ansicht kommen, dass es sich hier weniger um eine gegenwartsgeschichtliche Arbeit handelt als um eine politische Streitschrift.

Dagegen ist nichts einzuwenden. Ich habe mich jedenfalls bemüht, meine persönlichen Befindlichkeiten so weit wie möglich hinten an zu stellen und zu ignorieren. Ich habe mich bemüht, wissenschaftliche Prinzipien einzubauen, eine sachliche Distanz zu wahren und möglichst nüchtern zu berichten. Und doch sind mir dabei gewagte Ausdrücke und Redewendungen unterlaufen, solche, die man in einer historisch-wissenschaftlichen Abhandlung nicht anwenden sollte. Bei den vielfach wiederholten Korrekturen habe ich das auch selber feststellen können. Und ich habe diese Sätze und Halbsätze herausgenommen und korrigiert. An einigen Stellen habe ich aber bewusst und absichtsvoll die Ausdrücke so belassen, wie sie meiner mentalen Beschaffenheit entsprechen und wie sie entsprechend authentisch rüberkommen sollen.

Wer also in dieser Arbeit auf Herzblut stößt, möge sie lesen als politische Streitschrift. Das wird den Informationsgehalt nur unwesentlich verändern, auf keinen Fall aber verschlechtern. Zusätzlich kann es Anlass sein für die Frage, wie der Verfasser zu dieser Art der Ausdrucksweise kommt und wie man es hätte anders, vielleicht besser machen können. Dazu passt die Frage, wie man die Dinge selbst bewertet im Unterschied zum Verfasser[1].

Genau darin kann dann eine Portion von dem Spirit liegen, der den Text lesenswerter macht. Und das gibt möglicherweise die Herausforderung, die Dinge aus eigener Sicht darzustellen. Wenn daraus dann ein Streit entstehen sollte, ist das nichts Böses, denn Streit in einer kultivierten Form gehört zum Zusammenleben der Menschen. Wo der gänzlich fehlt und dauerhaft ausgeschlossen wird, ist etwas faul im Staate.

Anton Wiechmann, Verfasser

---

[1] Auch als die sehr kurz geratenen persönlichen Memoiren eines politischen Einzelgängers könnte dieser Text gelesen werden. In dem hier vorliegenden Zusammenhang kann der Verfasser auch damit gut leben.

2. Politik und Religion zum gegenseitigen Nutzen

Wenn volksfromme Phantasie, seelsorglicher Eifer und politischer Ehrgeiz sich miteinander verbünden, kann das die Grundlage sein für eine symbiotische Zusammenarbeit von Politik und Religion. Solche Zusammenarbeit hat in vielen Jahrhunderten zwischen Kaiser und Papst mal besser, mal schlechter funktioniert. Mit den Bündnissen zwischen Religonsgemeinschaft und Staat hat die Einigung der Menschen und damit ihre Beherrschbarkeit in den großen und kleinen Reichen der europäischen Geschichte gut funktioniert. Diese Medaille hatte allerdings eine Kehrseite, die mit den Stichwörtern Inquisition, Hexenverbrennungen, Kreuzzüge und terrormäßige Verfolgung der gedanklichen Abweichler umrissen werden kann. Die Behinderung von Wissenschaft, Forschung und Aufklärung gehören ebenfalls in diese Kategorie.

Auch in kleinerem Rahmen kann solches Engagement leicht in zweifelhafte Gefilde geraten. Das hat Maria Anna Zumholz in ihrer umfangmächtigen Doktorarbeit beschrieben, in der sie die Vorgänge der Marienerscheinungen von Heede in den Jahren 1937 bis 1940 untersucht. Von der „Volksleidenschaft für das Wunderbare" ist gleich zu Beginn der Arbeit die Rede[2]. „...´Mitten im immer noch aufgeklärten 20. Jahrhundert geht über uns eine Epidemie von wunderbaren Vorgängen hinweg, die jener des 16. Jahrhunderts in nichts nachsteht`..." zitiert sie den spanischen Jesuiten Carlos Maria Staehlin aus dem Anfang der 1950er Jahre. Auch der Osservatore Romano, die offizielle Tageszeitung des Vatikans kommt zu Wort. Er warnt vor den Feinden des Katholizismus. Man könne „... in der katholischen Religion Reste und Nachwirkungen heidnischen Aberglaubens finden wollen."[3]

Diese „Volksleidenschaft für das Wunderbare" ist auch an Thuine nicht vorbeigegangen, als im Jahr 1997 südlich von diesem Ort an der Mühlenstraße ein kleines und einfaches, aber durchaus auch eindruckvolles Denkmal aufgestellt wurde, das heute noch besichtigt und für meditative Zwecke genutzt werden kann. Darauf befestigt ist eine Kupferplatte mit einem Bild, das ein fixiertes Militärkampfflugzeug darstellt. Darunter ist wegen der mitterweile eingetretenen Verwitterung mit einiger Mühe zu lesen:

---

[2] Maria Anna Zumholz, Volksfrömmigkeit und Katholisches Milieu, Marienerscheinungen in Heede 1937-1940. Verlag und Druckerei Runge, Cloppenburg 2004, (weiterhin: Zumholz), S. 11

[3] Ebenda, Zumholz, S. 11

In Memoriam
Captain Ken Seder
und
Lieutenant Al Aertker
10th Factical Reconnaissance Wing
United States Air Force,
die hier am 25. August 1977 mit ihrem
Flugzeug in den Tod stürzten.
Sie gaben ihr Leben, um die Menschen von
Thuine vor einer Katastrophe zu bewahren

Die dankbaren Einwohner von Thuine

3. Die unvermittelte Verwirklichung einer Idee

Was war vorausgegangen? Am 25. August 1977, also 20 Jahre vorher war südlich von Thuine ein Kampfflugzeug der United States Air Force (USAF) auf einem Acker abgestürzt. Die zwei Piloten dieser Maschine kamen dabei ums Leben. Beide Piloten hatten ihren Schleudersitz nicht betätigt, waren also bis zum Schluss in der abstürzenden Maschine geblieben. Daraus wurden Vermutungen abgeleitet, dass sich die Flugzeugführer verzweifelt bemüht hätten, die streikende Maschine unter allen Umständen oben zu halten, um sie so nicht auf das Dorf stürzen zu lassen und unbeteiligte Menschen zu gefährden. Also folgerte man in dieser Logik, die Piloten hätten ihr Leben gegeben, „um die Bevölkerung vor einer Katastrophe zu bewahren".

Dazu wurden direkt nach dem Geschehen in ganz eiligen Presseberichten auch Zeugen zitiert, die diese Auslegung der Geschehnisse mit ihren Aussagen bestätigten. Schon nach weniger als einem Tag war in der Lingener Tagespost zu lesen:

> „... *Phantom explodiert ... Nach Augenzeugenberichten soll die ´Phantom` über dem Dorf in Höhe des Krankenhauses bereits ´gewackelt` haben und extrem niedrig geflogen sein. Etwa zwei Kilometer südwestlich vom Ortskern entfernt, in unmittelbarer Nähe der Messinger Straße, ist die Maschine dann offensichtlich in der Luft explodiert. ...*"[4]

Auch die Grafschafter Nachrichten berichteten unter der Schlagzeile „Krankenhaus war bedroht" und führen als Zeugen einen Landwirt auf, den sie auch mit Namen nennen und einen Krankenpfleger ohne Namensnennung, dem im Krankenhaus "ein eigenartiges Flugzeuggeräusch aufgefallen" war.[5]

---

[4] Lingener Tagespost, Nr. 299 vom Freitag, dem 26. August 1977
[5] Grafschafter Nachrichten, Nr. 297 vom Freitag, dem 26. August 1977

Im Archiv der Gemeinde Thuine findet sich ein Redemanuskript, das wohl anlässlich der Aufstellung des Gedenksteins, also 20 Jahre nach dem Absturz verfasst wurde. Es ist nicht bekannt, ob diese Rede auch mit dem identischen Wortlaut so gehalten worden ist. Deshalb wird der Urheber hier nicht namentlich aufgeführt. Darin ist zu lesen:

„... Heute vor 20 Jahren, am 25. August 1977 um die Mittagszeit, näherten sich zwei amerikanische Düsenjäger vom Typ Phantom – unbewaffnete Aufklärungsmaschinen – in niedriger Höhe fliegend, dem Ort Thuine. Nach Augenzeugenberichten qualmte eine Maschine und ´wackelte`, befand sich also in Luftnot.

Für die beiden Besatzungsmitglieder wäre es nun höchste Zeit gewesen, mit dem Schleudersitz das Flugzeug zu verlassen, um ihr Leben zu retten. - Sie nahmen diese letzte Gelegenheit nicht wahr, da das abstürzende Flugzeug in den Ort Thuine, auf das Krankenhaus und das Kloster zu stürzen drohte.

Sie steuerten die waidwunde Phantom noch über die Ortschaft und konnten das nun außer Kontrolle geratene Flugzeug nicht mehr verlassen.

Captain Ken SEDER, der Pilot und Lieutenant Al AERTKER, der Kampfbeobachter, starben beim Aufschlag ihres Flugzeuges an dieser Stelle. Die begleitende zweite Phantom kreiste über der Absturzstelle und verließ dann die Unglücksstelle in Richtung England, von wo beide Flugzeuge gestartet waren.

Die fast unausweichliche Katastrophe für Thuine war durch zwei tapfere Soldaten unter Einsatz ihres eigenen Lebens abgewendet worden.

Um dieser selbstlosen Tat zu gedenken, stehen wir heute hier, und dieser Gedenkstein soll an die beiden tapferen amerikanischen Flieger für alle Zeiten erinnern.

In Dankbarkeit können wir Captain SEDER und Lieutenant AERTKER sagen: Niemand verdient mehr Liebe und mehr Achtung als der, der sein Leben gibt für seine Freunde.“[6]

Noch 25 Jahre nach dem Ereignis schreibt die Münsterländische Volkszeitung:

„ Einer der Düsenjäger ... hat nach Augenzeugenberichten bereits im Flug über dem Dorf eigenartige Geräusche von sich gegeben, habe gewackelt und gequalmt und sei extrem niedrig geflogen.

Landwirt ... (Name getrichen, d.Verf.) ... sah auch, dass die Maschine nur knapp das Krankenhaus überflogen hatte und auf den Hof von Landwirt Kemmer zwischen der Mühlenstraße und Am Silberesch zugerast sei. Plötzlich sei es aber in der Luft explodiert und in Einzelteile auf den Acker gekracht. Captain Kenneth Seder und

---

[6] Siehe Anlage 2: anonymisiertes Redemanuskript vom 25.08.1997. Fundort: Ordner „Flugzeugabsturz 25.08.1977" im Archiv der Gemeinde Thuine, (weiterhin: anonymisiertes Redemanuskript 1997) Urheber wird aus Datenschutzgründen nicht genannt.

Lieutenant Alan Aertker hatten Probleme mit ihrer Maschine und hätten sich vermutlich wohl mit dem Schleudersitz retten können. Da dann aber das Flugzeug ins Dorf und womöglich auf das Krankenhaus, die Schule oder das Kloster hätte stürzen können, verzichteten die beiden Offiziere auf den lebensrettenden Katapult und zogen die Maschine in Bruchteilen von Sekunden über den Ortskern hinweg und gaben so ihr Leben, um Hunderte anderer zu retten. ...“[7]

So hatte man Grund, an die Heldenhaftigkeit dieser Flugzeugführer zu glauben. Man wollte wohl auch daran glauben, und man wollte vor allem, sich diesen Glauben nicht verderben lassen. Denn die Aufstellung des Gedenksteins ging im August 1997, also 20 Jahre nach dem Absturz in aller Eile vonstatten, ohne dass der Gemeinderat beteiligt wurde.

Dessen Beteiligung wäre aber schon deswegen notwendig gewesen, weil der Stein mit der Unterschrift „Die dankbaren Einwohner von Thuine“ für alle Bürgerinnen und Bürger des Dorfes spricht. Damit ist er zu einer öffentlichen Angelegenheit geworden, abgesehen davon, dass er auf gemeindeeigenem Grund und Boden installiert wurde. Denn für die „dankbaren Einwohner von Thuine“ darf nur eine einzige Person sprechen, das ist der zu diesem Zweck gewählte Mandatsträger, nämlich der Bürgermeister. Und der hat sich der Kontrolle des Rates zu unterziehen.

Dazu heißt es in dem zeitnahen Gemeinderatsprotokoll vom 24.09.1997:

„Auf Anfrage von Ratsmitglied Wiechmann erklärt Bürgermeister Buten, daß die Initiative zur Aufstellung einer Gedenktafel anläßlich des Absturzes eines amerikanischen Militärflugzeuges in Thuine vor 20 Jahren vom Heimatverein Thuine und von Herrn Eickhoff ausgegangen sei. Der Gemeinde Thuine seien dadurch keine Kosten entstanden.

Aufgrund des Schriftzuges auf der Gedenktafel, wo es abschließend heißt 'Die Einwohner der Gemeinde Thuine` hätte Ratsmitglied Wiechmann es für richtig gehalten, die Angelegenheit vorher im Rat zu behandeln.

Ratsmiglied Mosler teilt mit, daß aufgrund der Kurzfristigkeit und der Ferienzeit hierzu keine Möglichkeit bestanden habe.“[8]

Mit anderen Worten heißt das, der Bürgermeister und sein Stellvertreter wollten die kurzfristig aufgekommene Idee von dem Gedenkstein auf jeden Fall zum 20. Jahrestag des Absturzes verwirklicht sehen und keinen Aufschub auf einen späteren Zeitpunkt in Kauf nehmen, etwa auf den 25. Jahrestag. Für die unverzügliche Verwirklichung dieses Denkmals wurde der Gemeinderat umgangen und damit auch eine Diskussion, die das Vorhaben hätte in Frage stellen können.

[7] Münstersche Volkszeitung Nr. 195 vom 23. August 2002, Seite: Blick in die Nachbarschaft
[8] Niederschrift über die 6. Sitzung des Rates der Gemeinde Thuine am 24.09.1997 im Gemeindehaus in Thuine, S. 2

Abb.1: Einladungsschreiben der Gemeinde Thuine[9]

GEMEINDE THUINE

GEMEINDE THUINE · LINDENBRINK 7 · 49832 THUINE

Tel.-Verwaltung: (0 59 02) 94 00 25
Fax-Verwaltung: (0 59 02) 94 00 27
(Tel. Bürgermeister G. Buten privat: (0 59 02) 8 48)

Herrn
Anton Wiechmann
Loher Straße 8a

49832 Thuine

Wer hat den Beschluß gefaßt?

IHR ZEICHEN:	IHR SCHREIBEN VOM:	MEIN ZEICHEN:	DATUM:
		bu/ri	14.08.97

Sehr geehrter Herr Wiechmann!

Vor 20 Jahren stürzte ein amerikanisches Armeeflugzeug nach dem Flug über unser Dorf in der Nähe der Mühlenstraße ab. Dabei opferten zwei junge Piloten ihr Leben; denn davon sind viele überzeugt, daß sie bewußt auf die Benutzung der Schleudersitze verzichtet hatten, um das Flugzeug erst auf einer Ackerfläche aufschlagen zu lassen.
Eine Suchgruppe unter der Leitung von Herrn Eickhoff (Lingen) bemühte sich um die Erforschung des Absturzes und um die Aufstellung eines Gedenksteines.

Die Suchgruppe und die Gemeinde Thuine möchten Sie hiermit zu einer

Gedenkstunde

- am Montag, dem 25. August 1997
- um 14.30 Uhr,
- in der Nähe der Absturzstelle zwischen den Häusern der Familie Kemmer und der Familie Hazelbecke einladen. Es werden eine Abordnung der US-Armee und der Bundeswehr nach Thuine kommen.

Wir würden uns über Ihre Teilnahme freuen.

---

[9]   (Abdruckgenehmigung der Gemeinde liegt vor. / Email vom 16.11.2019)

4. Die „Leidenschaft für das Wunderbare" nimmt Fahrt auf.

Für die Beteiligung des Gemeinderates blieb also keine Zeit mehr, wohl aber für seine Einladung zu der Gedenkfeier, die mit Datum vom 14. August 1997 recht pünktlich verfasst und abgeschickt werden konnte.[10]

Der Rat nahm es gelassen, wie die Bevölkerung insgesamt es gelassen nahm. Kaum jemand redete darüber. Jedes Jahr wurde mit mehr oder weniger Aufwand eine Gedenkstunde abgehalten, an der sich mehr oder weniger interessierte Bürgerinnen und Bürger beteiligten. Die breite Öffentlichkeit von Thuine aber zeigte sich von der Toleranz, die sich aus Desinteresse und Gleichgültigkeit zusammensetzt. Wenn man diese Aktionen, die von dem Bürgermeister und seinem Stellvertreter initiiert und voran getrieben wurden, überhaupt beachtete, dann mit belustigtem Kopfschütteln und spöttelnder Skepsis. Man nahm sie halt nicht wichtig, wie man die ganze Angelegenheit mit dem Denkmal als bedeutungslos einstufte.

Denn nach immerhin zwei Jahrzehnten hatte sich längst herumgesprochen, was der örtlich nächste Zeuge des Absturzgeschehens beobachtet hatte. Und dessen Beobachtungen waren durchaus gelegentliches Thema an Stammtischen, bei Kaffeekränzchen und anderen Unterhaltsamkeiten. Er war dem Absturzgeschehen seinerzeit so nahe, dass er sich unwillkürlich genötigt fühlte, ein paar Schritte zur Seite zu gehen, um den Sicherheitabbstand zur abstürzenden Machine zu erhöhen.

Seine Version der Beobachtung hatte er zeitnah zu dem Geschehen zwei amerkanischen Offizieren mitgeteilt, die ihn zusammen mit einem ortsansässigen Luftwaffenoffizier besuchten. Diese Version ist der Bevölkerung nicht offiziell mitgeteilt worden, der Zeuge machte aber nirgendwo einen Hehl daraus und erzählte sie freimütig jedem, der sie hören wollte[11].

Nicht hören wollten diese Version der Bürgermeister, sein Stellvertreter, und die Gedenkredner, die zu den gefeierten Jahrestagen im Einsatz waren. Nicht hören wollten das auch eine Reihe von Militärsympathisanten und solche, denen die „Leidenschaft für das Wunderbare" wichtiger war, als die Recherche der tatsächlichen Begebenheiten. Nicht hören wollte man die Beobachtungen dieses Zeugen ebenso auf einer Gedenkfeier zu Ehren der Piloten, bei der auch Angehörige der Absturzopfer in der Gaststätte Bruns anwesend waren. Der Zeuge wäre bereit gewesen zu reden, konnte aber mit seiner Aussage nicht durchdringen[12]. Auch die Forscher von der Vermisstensuchgruppe Ikarus hätten leicht die Möglichkeit gehabt, diesen Zeugen zu hören, wenn sie sich denn darum bemüht hätten.

Und weitere fünf Jahre gehen ins Land. Mit dem 25. Jahrestag des Absturzes bekommt die Sehnsucht nach dem Wunderbaren mit einem neuen Gedenkredner frischen und schwungvollen Auftrieb. Mehr als 30 Personen konnten zur Teilnahme motiviert werden, darunter Honoratioren aus der Gemeinde und Samtgemeinde sowie der Forscher Joachim

---

[10] Siehe Einladungsschreiben der Gemeinde Thuine vom 14.08.1997 (Abb. 1)
[11] Zeitzeuge Bernhard Schmees in mehreren Gesprächen mit dem Verfasser im August 2017
[12] Vgl.Anlage 1: Betr.: Flugzeugabsturz in Thuine vom 25. August 1977, Zeitzeugenbericht von Bauer
   Bernhard Schmees, Thuine, vom 30 August 2017 (weiterhin: Zeitzeugenbericht Schmees)

Eickhoff von der Vermisstensuchgruppe Ikarus, um der Absturzopfer zu gedenken. „US-Piloten opferten sich für Bürger" titelte die Lingener Tagespost mit großen Fotos.[13]

Abb.2: Lingener Tagespost vom 02. September 2002[14]

ZAHLREICHE Thuiner Bürger, darunter viele Schwestern des Thuiner Klosters, hatten sich zum Gedenken des Flugzeugabsturzes vor 25 Jahren, bei dem zwei US-Soldaten den Tod fanden, am Gedenkstein in der Mühlenstraße zu einer Erinnerungsstunde versammelt

„US-Piloten opferten sich für Bürger"

Gedenken an den Absturz eines Kampfflugzeuges über Thuine

Thuine (MB) Schwestern aus dem Thuiner Kloster, hatten sich um den ... Nachbarn schon hautnah miterlebt habe. Bewohner des Dorfes hätten berichtet, dass das Unfallflug- Um den Absturz des Flugzeuges rankten sich nach wie vor viele Geheimnisse, und e...

Die zwei Piloten haben sich

Und sie zitiert den Gedenkredner:

> „ ʹDie zwei Piloten haben sich über ihr Schicksal und ihre Zeit erhoben, als sie sich opferten, um das Dorf Thuine zu retten.ʹ ... ʹSie erhoben sich damit über ihr eigenes Schicksal und blieben innerlich heil, auch wenn sie äußerlich zu Tode verwundet waren. Ein solches Beispiel gibt der Hoffnung auf eine gute Zukunft Nahrung und deshalb sind die beiden Männer unsere Freunde, auch wenn wir sie nicht kennenʹ"[15]

Auch die Informationen eines Forschers von der Vermisstensuchgruppe Ikarus werden aufgeführt:

---

[13] Lingener Tagespost vom 2. September 2002 (weiterhin: LT), S. 10
[14] Abdruckgenehmigung erteilt durch die Redaktion der Lingener Tagespost per Email vom 15.11.2019.
[15] Ebenda, LT vom 2. September 2002, S. 10

> *„Joachim Eickhoff erinnerte in einer kurzen Ansprache an die Geschichte der damaligen Ereignisse, die er sozusagen hautnah miterlebt habe. Bewohner des Dorfes hätten berichtet, dass das Unfallflugzeug qualmte und bereits trudelnd das Dorf überflogen habe. Es sei also nicht mehr unter Kontrolle gewesen. Nach seiner Ansicht hätten die beiden Soldaten die Möglichkeit gehabt, mit dem Schleudersitz auszusteigen, und damit ihr Leben zu retten. Von oben seien aber sehr gut Einzelheiten zu erkennen gewesen wie die Schule, das Krankenhaus, das Kloster. Vermutlich hätten die beiden deshalb in soldatischer Pflichterfüllung beschlossen, nicht auszusteigen, um das Dorf zu retten. Sie hätten sich damit für die Gemeinschaft geopfert. ...“* [16]

Und auch sonst stimmt der Rahmen:

> *„... Nach einer musikalischen Einführung, gespielt von der Bläsergruppe, begrüßte Bürgermeister Günter Buten unter den Gästen Samtgemeindebürgermeister Godehard Ritz, Pater Heinz Günter Hilgefort und Joachim Eickhoff von der Vermisstensuchgruppe Ikarus namentlich. ... Nachdem Bürgermeister Günter Buten und sein Stellvertreter Dieter Mosler eine Blumenschale und Lichter feierlich am Gedenkstein abgesetzt und die Bläsergruppe Thuine ein weiteres Lied gespielt hatte, hielt Pater Heinz Günter Hilgefort ein geistliches Gedenken. Die beiden Soldaten hätten ihre Welt entworfen, aber im entscheidenden Augenblick das Leben anderer als so wichtig erachtet, dass sie den eigenen Tod in Kauf nahmen ...“* [17]

So wird der „Volksleidenschaft für das Wunderbare" verstärkt die Bahn gebrochen als Verbindung zwischen politischem Interesse und seelsorglichem Eifer. Mit dem Einsatz spiritueller Phantasie werden die Bedürfnisse volksfrommer Sehnsüchte bedient. Das fällt bei einer Reihe von Personen, die über die dafür nötige Empfänglichkeit verfügen, auf fruchtbaren Boden. Und je intensiver die aktiven Personen sich auf dieses Gleis festlegen, desto mehr wirkt es sich behindernd aus auf die seriöse Be- und Verarbeitung der Dinge.

5. Bedeutsame Zusammenhänge werden ignoriert

Spiritualität „ist ein urmenschliches Bedürfnis" stellt dazu die studierte Theologin und Philosophin Doris Wagner fest, die wegen Missbrauchserfahrungen aus ihrem Orden „Geistliche Familie Das Werk" ausgetreten ist [18]. In ihrer Arbeit „Spiritueller Missbrauch in der katholischen Kirche" beschreibt sie die Zusammenhänge des menschlichen Bedürfnisses nach Spiritualität. Insbesondere geht sie darauf ein, wie es in diesem Zusammenhang zu Verfehlungen, Verirrungen und zu zerstörerischem Missbrauch kommen kann.

---

[16] Ebenda, LT vom 2. September 2002, S. 10
[17] Ebenda, LT vom 2. September 2002, S. 10
[18] Doris Wagner, Spiritueller Missbrauch in der katholischen Kirche. Herder, Freiburg i.Br. 2019, (weiterhin: Wagner), S. 25

Das Grundbedürfnis nach Spiritualität ist eine menschliche Eigenschaft, mit der das Individuum die Stärken zu entwickeln versucht, die für seine geistige und seelische Lebensbewältigung erforderlich sind, also eine höchst eigenpersönliche Angelegenheit. Zugleich ist es auch eine Grundeigenschaft, von der aus der Mensch führbar und damit auch verführbar und manipulierbar wird. Es ist ein Ansatzpunkt für seine Beherrschbarkeit, die bis hin zur marionettenhaften Fernsteuerung gehen kann.

Hier steckt die Angriffsstelle für geistlichen und spirituellen Missbrauch, die extreme Ausmaße annehmen kann. Zahlreiche mörderische und selbstmörderische Terrorakte der Gegenwart und der nahen Vergangenheit von 09/11 (Anschlag auf das World-Trade-Center) bis zu dem Attentat vom Berliner Breitscheidplatz im Jahr 2016 weisen einen religiösen Hintergrund auf. Auch bei vielen kriegerischen Auseinandersetzungen spielen religiöse Motive eine Rolle.

Der sexuelle Missbrauch in der Kirche ist die eine Sache, die zur Zeit mit mehr oder weniger Nachdruck aufgearbeitet wird. Der geistliche oder auch spirituelle Missbrauch ist die andere Sache, die, angestoßen von Doris Wagner und Klaus Mertes, noch ganz am Anfang der Aufklärung steht[19]. In allen Religionsgemeinschaften, in denen der Anspruch auf Allgemeingültigkeit die Grundlage der religiösen Tätigkeit darstellt, dürfte spiritueller Missbrauch eine zu beachtende Rolle spielen. Denn eben dieser Anspruch auf Allgemeingültigkeit lässt sich schwer vereinen mit dem Recht auf spirituelle Selbstbestimmung. Man muss hier wohl von allen großen und vielen kleinen Religionsgemeinschaften sprechen.

Von solchen Dingen aber will man in der Führungsetage der Gemeinde nichts hören, vor allem will man sich nicht damit befassen und will aufschäumende Diskussionen vermeiden. Am 11. September 2002 tagt der Verwaltungsausschuss der Gemeinde Thuine. Diesem Ausschuss gehören der Bürgermeister, sein Stellvertreter und ein Beigeordneter an. In der Niederschrift dieser Sitzung heißt es:

> „Bürgermeister Buten verliest den Antrag des Ratsmitgliedes Anton Wiechmann vom 03.09.2002 mit dem dieser bittet, die jährliche Gedenkfeier am sogenannten 'Pilotenstein' im Rat der Gemeinde Thuine zu beraten.
>
> Zu den Ausführungen von Ratsmitglied Wiechmann erklären Bürgermeister Buten und Beigeordneter Mosler, dass es sich hierbei stets um eine offizielle Veranstaltung der Gemeinde Thuine gehandelt habe. Es wird auch als eine Verpflichtung der Gemeinde Thuine gegenüber den zu Tode gekommenen Piloten angesehen, die Gedenkfeier beizubehalten.
>
> Um das Absturzgeschehen noch einmal verdeutlichen zu können, ist Herr Eickhoff zu bitten, seine umfangreichen Recherchen zu einem Bericht zusammenzufassen, der dem Rat der Gemeinde Thuine in seiner nächsten Sitzung bekannt gegeben werden soll.

---

[19] Siehe auch: Klaus Mertes, Vorwort. In: Wagner, S. 5 – 12 (Hier findet sich eine Systematisierung des Begriffes „Geistlicher Missbrauch", der mit spirituellem Missbrauch gleichgesetzt wird.) Klaus Mertes ist der Jesuitenpater, der im Januar 2010 als erster den sexuellen Missbrauch in kirchlichen Einrichtungen öffentlich machte.

Nach eingehender Diskussion beschließt der Verwaltungsausschuss einstimmig, dem Rat der Gemeinde Thuine vorzuschlagen, die jährliche Gedenkfeier als öffentliche Veranstaltung der Gemeinde Thuine in einer schlichten und einfachen Form beizuhalten. "[20]

In der folgenden Ratssitzung vom 25.09.2002 werden die „umfangreichen Recherchen" verteilt, um die der Forscher Eickhoff gebeten werden sollte. Sie entpuppen sich als das nicht unterschriebene Redemanuskript des Forschers, das dieser offensichtlich zur Feier der 25. Jahrestages des Flugzeugabsturzes verfasst hatte.

Zehn von den elf Ratsmitgliedern zeigen sich loyal und bestätigen den Beschlussvorschlag des Verwaltungsausschusses. Sie sehen keinen Grund zur Intervention in dieser durch die Gemeinde getragenen volksfrommen Aktion.[21] Und die Lingener Tagespost berichtet hierüber unter der Schlagzeile „Auch künftig Gedenken an abgestürzte US-Piloten"[22]

Für die Ratssitzung vom 27.11.2002, wird dann der Antrag gestellt, die Gemeinde möge die Aufschrift: „Sie gaben ihr Leben, um die Menschen von Thuine vor der Katastrophe zu bewahren." von dem Stein entfernen[23].

Darauf reagiert der Gemeinderat in folgender Weise:

> *„... Die Ratsmitglieder Gebbe und Mairose halten es für überflüssig, die Angelegenheit noch einmal im Rat eingehend zu diskutieren, da hierüber bereits ausführlich in vorangegangenen Sitzungen beraten worden sei. ...*
>
> *Sodann fasst der Gemeinderat auf Vorschlag des Verwaltungsausschusses bei 9 Ja-Stimmen und 1 Enthaltung folgenden Beschluss:*
>
> *Die Inschrift auf der Gedenktafel am so genannten Pilotenstein ist seinerzeit durch den Heimatverein Thuine verfasst worden. Insofern obliegt es nicht der Zuständigkeit des Rates der Gemeinde Thuine, die Inschrift zu verändern. Aus diesem Grunde kann dem Antrag von Ratsmitglied Wiechmann vom 09.10.2002 nicht entsprochen werden.* "[24]

---

[20] Niederschrift über die 5. Sitzung des Verwaltungsausschusses der Gemeinde Thuine vom 11.09.2002 im Gemeindehaus in Thuine, S. 2

[21] Niederschrift über die 7. Sitzung des Rates der Gemeinde Thuine am 25.09.2002 im Gemeindehaus Thuine, S. 3

[22] LT vom 24.10.2002, Seite „Lokales"

[23] Siehe Antrag des Ratsmitgliedes Wiechmann vom 9. Oktober 2002 an den Gemeinderat (Abb. 3)

[24] Niederschrift über die 8. Sitzung des Rates der Gemeinde Thuine am 27.11.2002 im Gemeindehaus Thuine, S. 5

Abb. 3: Antrag Wiechmann

| **Anton Wiechmann** | *Loher Straße 8a* |
| Tel. 05902 / 1463 | **49832 Thuine** |

im Oktober 2002

Zur Kenntnis:
1. Mutterhaus Thuine
   mit der Bitte, eine Kopie weiterzu-
   reichen an:
2. Pater Heinz-Günter Hilgefort

Gemeinde Thuine
-Herrn Bürgemeister Buten-

Sog. „Pilotenstein" / Aufschrift „Sie gaben ihr Leben ..."

Sehr geehrter Herr Bürgermeister, lieber Günter!

Für die kommende Ratssitzung bitte ich, in o.g. Sache einen Beratungspunkt in die Tagesordnung aufzunehmen!

Dazu stelle ich folgenden Antrag gemäß NGO:

Der Gemeinderat möge folgenden Beschluss fassen:

Die auf dem sog. Pilotenstein zu findende Aufschrift „Sie gaben ihr Leben, um die Menschen von Thuine vor der Katastrophe zu bewahren." wird entfernt.

Begründung:
Der Gemeinde liegen keine überprüfbaren Fakten oder anerkannte Gutachten vor, die eine solche Interpretation des Pilotenverhaltens ~~sachlich~~ nachhaltig stützen.

Erläuterung:
Wie sich zeigt, nehmen Bürger und Seelsorger in Unkenntnis der mangelnden Faktengrundlage diesen Satz wörtlich und suchen darin spirituelle Hoffnung. (LT-Bericht „US-Piloten opferten sich..." vom 2. Sept. 2002) Die Gemeinde versäumt es, in gleich zugänglicher Weise zu veröffentlichen, dass dieser Satz auf der ungeprüften und anzweifelbaren Vermutung einer Einzelperson beruht. Damit macht sie sich nicht nur in der Glaubwürdigkeit ihrer Aussage angreifbar sondern auch in der Seriösität ihrer Absicht. Man kann ihr unterstellen, dass sie durch unvollständige Information Menschen täuscht, die sich auf der Suche nach geistig-religiöser Orientierung befinden. Außerdem wird sie zum unzuverlässigen Informanten für Seelsorger, die sich bei ihrer Betrachtung anlässlich der jährlichen Gedenkveranstaltungen auf diese Aussage stützen.

Anlass für diesen Antrag:
Die verbindliche Erklärung des Bürgermeisters in der letzten Ratssitzung, dass die Gemeinde Träger und Betreiber des „Pilotensteins" ist (Niederschrift der 7. Sitzung vom 25.09.2002)

Bis zur nächsten Sitzung

Ratsmitglied Anton Wiechmann

Damit ordnet der Gemeinderat sich dem Heimatverein unter. Nicht der Bürgermeister und der Rat sprechen in diesem Fall für „Die dankbaren Einwohner von Thuine", sondern dem mandatslosen und personenmäßig nicht erfassten Heimatverein wird die Urheberschaft dafür zugeschoben. Damit entzieht sich der Bürgermeister der Verantwortung seines Mandates, das ihm bewerbungsgemäß von den Bürgern und dem Gemeinderat per Wahl erteilt worden ist. Und der Rat lässt das solidarisch zu.

Für einen Redakteur, der sich der Information und Aufklärung für die breiten Schichten der Bevölkerung verpflichtet weiß, hätte das der Anlass sein können für einen erläuternden Kommentar. Nicht so der hier anwesende Vertreter der Lingener Tagespost. Er hält es für wichtiger, seine Leser mit folgender Nachricht zu versorgen:

> „Wenig Verständnis für den neuerlichen Antrag zeigte Ratsherr Karl-Heinz Gebbe. Schon in der letzten Ratssitzung seien ausführlich alle Argumente ausgetauscht worden. Auch Pater Heinz Günter Hilgefort, der bei der jüngsten Gedenkfeier an die beim Flugzeugabsturz ums Leben gekommenen Piloten erinnerte, zeigte in einem Brief an Wiechmann kein Verständnis für dessen Argumentation. ..."[25]

Zur Illustration sei das erste von mehreren Schreiben des angesprochenen Gedenkredners als Abbildung (Abb. 4) beigefügt. Fazit dieses Schreibens: Solange man nicht das Gegenteil beweisen kann, ist die Mitteilung auf dem Stein in Ordnung und akzeptabel.

6. Über Grenzen hinweg

So steigert sich die Sache weiter, der Sinn für „das Wunderbare" nimmt abseits des schweigenden Teils der Bevölkerung dominierende Formen an. Mittlerweile wird auf der Homepage der Gemeinde Thuine von dieser Heldentat berichtet, so dass sie in aller Welt vernehmbar wird. Demzufolge kann der stellvertretende Bürgermeister auf der Gedenkfeier 2005 vor 40 Teilnehmerinnen und Teilnehmern eine längere E-Mail von Jake Gentry aus Atherton vorlesen, in der dieser u.a. darlegt:

> „... Zufällig haben wir auf der Internetseite der Gemeinde Thuine gesehen, dass zu Ehren der Besatzung ein Gedenkstein errichtet wurde. Wir danken Ihnen sehr für diese Freundlichkeit. ..."[26]

Mit dieser neuerlichen Erweiterung des frommen Aktionismus übernimmt jetzt das Internet die Mandatschaft für „Die dankbaren Einwohner von Thuine". Die Botschaft kann sich rund um den Erdball verbreiten. Das ist schließlich der Anlass für einen satirisch verfassten Leserbrief, der in der Sommerausgabe 2005 des „Thuiner Echo" veröffentlicht wird. Hier schlägt der Schreiber spottenderweise vor, die Infrastruktur um den Gedenkstein so auszubauen, dass die Gemeinde Thuine sich als Wallfahrtsort im südlichen Emsland etablieren kann[27].

[25] LT vom 05.12.2002, S. 15 (Buten: Wir wollen keine „Himmelsstürmer" locken.)
[26] Thuiner Echo, Herbstausgabe 2005 (Seitenkopie in Anl. 4)
[27] Thuiner Echo, Sommerausgabe 2005; (Abb. 5)

Abb. 4: Brief von Pater H-G. H.[28]

Herrn
Anton Wiechmann
Loher Str. 8a
49832 Thuine

Geehrter Herr Wiechmann,

als ich Ihren ersten Brief (Leserbrief) erhielt, fragte ich mich, was Sie eigentlich
beabsichtigen. Als nun der zweite Brief bei mir eintrudelte, war ich noch ratloser:
Sie ärgern sich an dem einen Satz, der nicht „bewiesen" werden kann. Könne Sie das
Gegenteil beweisen?
Ist ein Polizist nicht im Dienst für die Menschen gestorben, wenn er sich um die Verfolgung
eines Verbrechers bemüht und dabei zu Tode kommt?
Ist mein Vater im Krieg nicht für Deutschland gestorben, auch wenn er kurz vor Kriegsende
noch zu hause war und zurückging an die Front, weil er keine Nachteile für seine Familie
riskieren wollte?
Müssen wir jeden Namen auf den Ehrenmälern gerichtlich untersuchen lasse , ob persönliche
Gründe, oder dergleichen hinter seinem Tod stehen, oder nicht?
Ich habe mich erkundigt, bevor ich mich einladen ließ ein Gedenken zu sprechen. Es waren
mehrere Personen, die ich befragte und mir scheint die Deutung durchaus möglich, die hinter
dem Satz steht, den Sie ausmerzen wollen.
Niemand verpflichtet Sie, sich an den Stein zu stellen. Aber ich stehe gern an einem solchen
Mahnmal, das Völkerverbindung, soziale Einstellung und Verantwortung für andere
dokumentiert – wie gesagt: daß es ein Märchen wäre, ist nicht zu beweisen.
Meine „spirituelle Eigenständigkeit" ist nicht verletzt, und mein Gedenken scheinen Sie nicht
gehört zu haben und sich hier lediglich auf die unvollständige Wiedergabe in der Zeitung zu
berufen. Mir scheint die „geistig-religiöse Orientierung" gut aufgehoben zu sein bei einem
Gedenken an zwei junge Menschen, die ihr Leben verloren in der Ausübung ihres Berufes
und nach Lage der Dinge, diesen Beruf, Leben zu verteidigen und zu retten, ernst nahmen.
Ich habe zwar nicht im Gemeinderat zu bestimmen, doch werde ich mich gegen Ihren Antrag
aussprechen

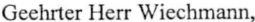

---

[28]   Persönliche Daten entfernt

Als Reaktion darauf nimmt die „Volksleidenschaft für das Wunderbare" noch einmal nachdrücklichere Formen an. In der Herbstausgabe 2005 des „Thuiner Echo" wird der Gedenkredner zitiert mit den Worten:

> „… *Dieser Stein lädt ein zu einem Verweilen. Alles ist so schnell vorbei, und da tut es gut, ein Weilchen inne zu halten und Geschichte einzulassen, Geschichte, die uns wichtig ist. Und das dürfen sie alle wissen, das sollen alle erfahren, auch wenn es einem nicht gefällt. Das ist für uns keine Wallfahrtsliturgie, sondern Freundschaftsdienst und ehrlicher Dank. Unser Verweilen weitet uns den Blick für andere Wirklichkeiten,* …"[29]

Mit dem Begriff „Wallfahrtsliturgie" knüpft der Redner offensichtlich an den vorausgegangenen Leserbrief an. Der Halbsatz „… auch wenn es einem nicht gefällt. …" kann als routinemäßige gesprochene Standardformulierung durchgehen. Es könnten aber auch wohlüberlegte und besonders klug zusammengestellte Worte sein, die als Signal an die Zuhörer geschickt werden zu dem Zweck, den Leserbriefschreiber zu isolieren und abseits zu stellen. Dann wäre der Anschein von Routine allerdings eine sehr geschickte Täuschung.

Abb.5: Thuiner Echo, Sommerausgabe 2005[30]

dran gedacht …!

Von der Phantasie über die Legende zum Wallfahrtsort –

Visionen einer Emslandgemeinde

Nun steht es endlich auch im Internet unter *www.thuine.de*: „… Sie gaben ihr Leben, um die Einwohner von Thuine vor einer Katastrophe zu bewahren: …", geschrieben für „die dankbaren Einwohner von Thuine". Es geht um den Flugzeugabsturz vom 25.08.1977 auf dem Acker neben der, für das nach zwanzigjähriger Inkubationszeit, dann aber plötzlich und über Nacht ein Denkmal errichtet wurde mit entsprechender Aufschrift.

Jetzt, nach acht Jahren Gedenkstein hat sich die zielgerichtete Interpretation dieses Fliegerschicksals verfestigt wie ein Kaffeesatz in undurchsichtigem Aufguss. Niemand fragt nach Pietät und gutem Geschmack, kaum einer nach Solidität und Seriösität. Also kann man den

Werbeeffekt dieser zur Legende gewachsenen Sensation intensivieren und ins Internet stellen. So wird sie auch in den fernsten Missionsgebieten des Thuiner Ordens abrufbar.

Was kann danach kommen? Vielleicht eine Straßenbe-

Leserbrief

zeichnung mit den Namen der Abgestürzten? Oder noch mehr? – Der Pilgerweg über den Acker hin zum Denkmal, ist schon fertig, flankiert von hoffnungsvoll sprießenden Paradiesbäumchen. Die Pläne für eine Schutzhütte am Pilotenstein liegen in der Schublade.

Wenn die erst steht, ist deren Ausbau zu einer Anbetungskapelle kaum noch kostenaufwendig. Nach vorliegenden Erfahrungen mit dem plastisch-schmucken Skulpture-

nidyll vor dem Rathaus dürfte es kein Problem darstellen, für diese Verbindung von Realpolitik und unverfälschter Volksfrömmigkeit die nötigen Spender zu finden. Und wenn eine solche Baumaßnahme den Gemeindehaushalt nicht belastet, hat man jeden Querulanten von vornher-

ein mundtot.

Thuine als Wallfahrtsort, das wäre die Spitze im südlichen Emsland. *Anton Wiechmann*

In eigener Sache …

Impressum

Herausgeber
Gemeinde Thuine

Redaktionsteam
Melanie Schultejans
T 05902 502585
F 05902 502584
christoph.schultejans@ewetel.net

Karlheinz Kewe
T 05902 1268
Kewe.Thuine@t-online.de

Stefan van Roje
T 05902 7962
vanroje@gmx.de

Umsetzung
MEDIENWERKSTATT
Halle IV, Kaiserstraße 10a
49809 Lingen (Ems)
T 0591 6107530
F 0591 6107532
albert.bakker@t-online.de

Auflage
Das THUINER ECHO wird in einer Auflage von 1000 Exemplaren gedruckt und kostenlos an alle Haushalte verteilt. Sollte Ihr Briefkasten nicht erreicht worden sein, lassen Sie es uns bitte wissen.

---

[29] Thuiner Echo, Herbstausgabe 2005; (Seitenkopie in Anlage 4
[30] Abdruckgenehmigung der Gemeinde liegt vor. (Email vom 16.11.2019)

7. Ein neuer Bürgermeister und eine spät aufgenommene Zeugenaussage

Im November 2006 tritt der bisherige Bürgermeister von Thuine aus gesundheitlichen Gründen von seinem Amt zurück, sein Stellvertreter übernimmt per Wahl durch den Gemeinderat das Amt. Er führt die Sache mit dem Pilotengedenken überzeugungsgemäß und inbrünstig weiter, bis im Herbst 2011 nach einer turnusgemäßen Gemeinderatswahl ein neuer Bürgermeister gewählt wird. Im Jahr 2012 wird der 35. Jahrestag des Absturzes noch einmal in Anwesenheit von Jean Aertker, Witwe des verstorbenen Piloten Alan Aertker, feierlich bedacht. Und die Gemeinde beschließt, den Stein „in Ehren" zu halten, aber die jährlichen Gedenkfeiern abzusetzen[31].

So entrückt der Stein allmählich der öffentlichen Aufmerksamkeit, bis die Lingener Tagespost zum 40. Jahrestag des Absturzgeschehens die Sache mit einem Bildbericht wieder in Erinnerung ruft[32]. Das ist dann, vier Jahrzehnte nach dem Absturz, endlich der Anlass, den Zeitzeugen noch einmal zu befragen, der seinerzeit dem Geschehen am nächsten war. Ein erstes und einziges Mal wird dessen Aussage jetzt schriftlich fixiert, damit sie für nachfolgende Generationen in dem dafür vorgesehenen Ordner des Gemeindearchivs aufbewahrt werden kann. Und es wird die einzige Zeugenaussage bleiben, über die die Gemeinde als Dokument verfügt, also als ein Schriftstück, das mit Namen, Datum und Unterschrift versehen ist. Ob es auch für die Zwecke von Forschung eingesetzt wird und so seine Wirkung erzielen kann, bleibt abzuwarten. Ebenso bleibt abzuwarten, ob daraus ein Nutzeffekt entsteht für eine bessere, weil differenziertere und umfassendere Aufklärung der Bevölkerung.

Nach der Beobachtung dieses Zeugen war die Absturzmaschine bis ganz zum Schluss flugfähig. Vielmehr sieht es danach aus, als seien die beiden Unglückspiloten Opfer eines plötzlichen Manövers der zweiten mitfliegenden Maschine geworden. Diese bildete eine Formation mit der Unglücksmaschine und flog ihr eine halbe Flugzeuglänge voraus. Bei diesem Manöver, das offensichtlich nicht genügend miteinander abgestimmt war, änderte die Begleitmaschine ihre Flugrichtung abrupt. Sie schnitt dem Unglücksflugzeug dabei die Bahn ab. Dieses wich nach unten aus, vielleicht wurde es auch durch Luftverwirbelungen abgedrängt. Nach den Beobachtungen des Zeitzeugen sah es so aus, als könnte es diesen abwärts gerichteten Flug noch abfangen. Die Maschine habe kurz über den Boden auch wieder waagerechte Position eingenommen. Die nachwirkenden Kräfte der hohen Abwärtsgeschwindigkeit habe dann aber vermutlich zu dem Aufprall auf den Ackerboden geführt.[33]

Wenn die Beobachtung dieses Zeugen den Tatsachen entspricht, hatten die Piloten bis direkt vor dem Zerschellen die Gewalt über ihre Maschine. Und bis zu diesem letzten Augenblick agierten sie auch mit der Aussicht, den Flug unbeschadet fortsetzen zu können. Das wäre dann ein ganz anderer Grund dafür, dass die Schleudersitze nicht betätigt wurden. Gerade das Nicht-Betätigen der Schleudersitze kann dafür sprechen, dass bis ganz zum Schluss die

[31] Protokoll über die 06. GRT (11-16) öffentliche/nicht öffentliche Sitzung des Gemeinderates Thuine vom 04.07.2012 im Gemeindehaus
[32] Lingener Tagespost vom 25.08.2017, S. 18: Südliches Emsland
[33] Vgl.: Zeitzeugenbericht Schmees (Anlage 1)

Piloten keinen Grund zum Ausstieg sahen, weil alles in Ordnung und funktionsfähig war.

Es gibt weitere Zeugenberichte, die aber nicht dokumentiert wurden, weil seinerzeit abseits des volksfrommen und aktivistischen Teils der Bevölkerung die Tendenz vorlag, die Sache mehr mit heiterer Gelassenheit und spöttischer Abgehobenheit zu bedenken, als sich ernsthaft mit ihr zu befassen. „Was soll man sich darüber aufregen?", war eine der gängigen Fragen seinerzeit. „Davon geht doch nichts kaputt.", meinte auch die Ordenschwester und Lehrerin im Ruhestand Sr. J.[34] „Lass sie doch!", meinte selbst Mariele F., die Gründerin des Kulturkreises Impulse, Samtgemeinde Freren e.V., die in anderer Hinsicht das ganze Emsland in Bewegung setzte, um das Kulturzentrum Alte Molkerei in Freren durchzusetzen[35].

So gab es im Zusammenhang mit dem Presseartikel „Auch künftig Gedenken an abgestürzte US-Piloten" vom 24. Okober 2002[36] einen Telefonanruf von dem Zeitzeugen Leo H., der vom Standpunkt Langener Straße aus beobachtet hatte, dass die beiden Flugzeuge gar nicht den bebauten Teil der Gemeinde Thuine überquert hätten, sondern dass sie dem Ort ausgewichen seien.[37]

Anlässlich eines Weihnachts- oder Geburtstagsbesuches durch einen Ratsvertreter vermutlich im gleichen Jahr legt die Zeitzeugin Maria M. ihre Beobachtungen dar. Sie habe bei Feldarbeiten in der Nähe ihres Hofes und der Absturzstelle insgesamt drei Flugzeuge gesehen. Nur eines davon habe den Ort Thuine überquert. Das sei aber ungehindert weitergeflogen. Zwei dagegen seien an dem Ort vorbei geflogen. Und die Art, wie sie sich durch die Luft bewegten, habe eher nicht nach fliegerischer Verantwortung ausgesehen.[38]

Und am 29.08.2017 meldet sich per Leserbrief der Zeitzeuge Frank Gäbler aus Lingen. Er habe vor 40 Jahren beobachtet, dass die Maschine kopfüber geflogen sei.

> „... Allerdings wackelte sie nicht und es war kein Rauch zu sehen... Die Phantom flog kopfüber, sehr tief, in einem Abwärtsbogen, zog auf Höhe des Krankenhauses wieder kurz hoch, verschwand dann dahinter, und kurz darauf stieg eine Rauchwolke auf. ..."[39].

An dieser Stelle soll eine weitere Feststellung getroffen werden. Es ist durchaus nicht abwegig und gehört zur Objektivität der Analyse, wenn bei der vorliegenden Begebenheit auch Übermut und fliegerischer Leichtsinn ins Blickfeld genommen werden. Das zeigt eine Beobachtung aus dem Lehrerzimmer der Antoniusschule Thuine. Von hier aus liegt das Krankenhaus und das Dorf Thuine im ständigen Blickfeld. Zahllose fliegerische Tiefflüge über den Ort waren in den Jahren des Kalten Krieges an der Tagesordnung und täglich zu beobachten, so dass nur noch die Lautstärke wahrgenommen, aber nicht mehr mit Bewusstsein hingeschaut wurde.

---

[34] Sr. J. in einem Gespräch mit dem Verfasser. Zur Erläuterung: Der Verfasser war drei Jahrzehnte in der klostereigenen Antoniusschule als Lehrer tätig, in der auch Sr. J. unterrichtete.

[35] Mariele F. am Rande einer Vorstandssitzung im Gespräch mit dem Verfasser. Beide waren im Vorstand des Kulturkreises Impulse, Samtgemeinde Freren e.V. tätig.

[36] LT. vom 24. Oktober 2002, Seite „Lokales"

[37] Telefonat mit Leo H., vermutlich etwa Ende Oktober 2002

[38] Gespräch mit Maria M., anlässlich ein Besuches im Auftrag der Gemeinde vemutlich zu Weihnachten 2002

[39] „Phantom flog kopfüber", Leserbrief von Frank Gäbler in der L.T. vom 29.08.2017, Seite „Südliches Emsland"

Zumindest in einem ganz konkreten Fall wurde aber genauer beobachtet. Gleich drei, vier oder mehr Kampfflugzeuge kreisten über den Ort Thuine. Sie flogen davon und kamen wieder, flogen übereinander her und umeinander herum, trieben ihre Spielchen wie kreisende Krähen bei der Futtersuche. Die Anwesenden im Lehrerzimmer beobachteten es mit Staunen und Kopfschütteln.

Mit am Tisch saß auch der seinerzeit diensttuende Seelsorger des Klosters, Rektor Antonius Rahe. Den Flugzeugabsturz, der mittlerweile mehrere Jahre zurücklag, hatte er insofern miterlebt, dass er unmittelbar nach dem Geschehen zu dem Unfallort eilte, um dort seine seelsorgerischen Dienste anzubieten[40]. Mehr flüsternd als gesprochen entschlüpfte ihm bei dieser neuerlichen Beobachtung das Wort „Unverantwortlich!"[41].

Diese Beobachtung beweist nichts. Bevor man sich aber zu allzu eiligen Glorifizierungen hinreißen lässt, sollte sie Anlass genug sein, die Möglichkeit menschlichen Versagens in Betracht zu ziehen bei diesen, mit 25 Lebensjahren so sehr jungen Lenkern kraftstrotzender Höllenmaschinen. Hier ergäbe sich auch ein Anlass zu vertiefender Forschung über all die regelmäßigen und unregelmäßigen Vorkommnisse, die sich in militärischen Akten als Protokollnotizen über fliegerische Verhaltensweisen und deren Folgeerscheinungen angesammelt haben dürften.

Die Auswertung von Zeitzeugenberichten ist durchaus ein Mittel der geschichtlichen Forschung. Dabei muss aber berücksichtigt werden, dass jeder Zeitzeuge naturgemäß nur aus seinem Blickwinkel und seiner Perspektive berichten kann. Hinzu kommt die individuell geartete, emotionale Ausrichtung des jeweiligen Zeugen und seine Auffassungspräferenzen. Welche Beobachtungen nimmt er in sein Bewusstsein auf, und welche registriert er nicht oder verdrängt sie? An welche Erscheinungen erinnert er sich noch Jahre später und welche vergisst er nach kurzer Zeit? Zeitzeugenberichte bergen immer einen großen Grad von Unsicherheit in sich und sind mit entsprechender Vorsicht auszuwerten. Deswegen wird hier kein abschließendes Resümee aus den bisher zitierten Zeitzeugenaussagen gezogen.

8. Resümee

Ein anderes Resümee soll aber schon gezogen werden, denn das ist der Sinn dieser Arbeit:

In dem hier vorliegenden Fall, der zur Aufstellung des Pilotengedenksteines führte, ist bis Stand Oktober 2019 kein einziger Zeitzeugenbericht zitiert worden, der es bis zur Dokumentenreife geschafft hätte. Die Botschaft dieses Steines und damit auch seine Existenz beruhen auf „Hörensagen" und Gerüchte. Und selbst diese wurden mit extremer Einseitigkeit ausgewertet, dass man Fälschungsabsichten kaum noch ausschließen kann. Wenn solche Absichten aber nicht gegeben sind, offenbart sich in dem Geschehen umso intensiver die überbordende Wirkmächtigkeit der „Volksleidenschaft für das Wunderbare", die sich jeder vernünftigen Analyse des Sachablaufs verschließt.

---

[40] Aussage von Sr. E. in einem Telefonat am 14.02.2018
[41] Der Verfasser fungiert hier als Zeitzeuge. Er berichtet aus seiner Zeit als Lehrer an der Antoniusschule.

Ausgangspunkt und Initialzündung dürfte die Sensationsberichterstattung der Presse gewesen sein, die Zeugen mit oder ohne Namensnennung grob und oberflächlich zitierte, aber keine detaillierten Berichte der Zeugen vorlegte. Diese Art der Pressemeldungen stieß dann auf eine militärfreundliche Tendenz bei der Vermisstensuchgruppe Ikarus. Dessen Forscher machten die lässig recherchierten Presseartikel zu einer zentralen Grundlage und entwickelten daraus eine Phantasie, mit der sie beim Bürgermeister und seinem Stellvertreter Begeisterung auslösten. Zusätzlich verstärkend wirkten die Informationen der verschiedenen Redner am Gedenkstein, die mit Begriffen wie „soldatischer Pflichterfüllung", und „Selbstaufopferung" zelebriert wurden oder auch mit einem Gedicht aus dem Ersten Weltkrieg (Hans Friedrich Blunck, Tod ist nicht dem Tode gleich)[42].

Das traf bei den volksfrommen Leidenschaften auf fruchtbaren Boden. Und es traf auf das politische Nutzdenken zweier Bürgermeister, das von diesen Leidenschaften möglicherweise nicht abgrenzbar ist. Alles zusammen erfuhr seine öffentlichkeitswirksame Ergänzung und Verstärkung durch die sich fortsetzende Sensationslüsternheit örtlicher Pressevertreter. Die Honorarschreiber der Zeitungen hatten ihr gefundenes Fressen. Auf eigene Recherchen verzichteten sie weitestgehend und bedienten stattdessen die Tendenzen volksfrommer Phantasien.

Die Mitglieder des Gemeinderates haben diese so harmlos erscheinende Lokalposse in ihrer Tragweite nicht erkannt. Der eine Teil der Gemeindevertreter unterwarf sich in dienerischer Solidarität dem Bürgermeister. Der andere Teil tauchte duckmausernd ab und hob die Hand so, wie es für den Moment als opportun erschien. Und ein letztes, einsames Mitglied dieser Gemeindevertretung zeigte sich in der vorliegenden Situation hilflos und zu unbeholfen, der Lage Herr zu werden. So erwiesen sich der Rat und die Gemeinde insgesamt als wehrlos gegen das, was ihnen von entsprechend interessierter Seite übergestülpt wurde.

Einmal aus der Phantasie heraus aufgestellt und zu Stein geworden, ließ sich die Legende nicht mehr rückgängig machen. Und der Versuch, die Dinge in vernünftiger Weise aufzuklären, stieß auf entschiedenen Widerstand. Schon in der ersten Ratssitzung nach der so spontanen Aufstellung des Gedenksteins wies der Ratherr B. jede Kritik daran brüsk zurück[43]. In mehreren Briefen äußert der Geistliche Rektor des Klosters Thuine, Pater H-G. H. seinen Unwillen über solche Aufklärungsversuche[44]. Noch im Februar 2018 bringt die langjährige Generalökonomin des Klosters Sr. E. ihre Verwunderung darüber zum Ausdruck, dass die Dinge neuerdings ganz anders dargestellt würden, als sie ursprünglich zu der Aufstellung des Gedenksteins geführt hätten. Bis zu diesem Zeitpunkt im Februar 2018 ist sie davon ausgegangen, dass es sich bei dem Unglücksflug um ein einzelnes, allein fliegendes Flugzeug gehandelt habe[45].

---

[42] Anonymisiertes Redemanuskript 2002, (Anl 2),

[43] Ratsmitglied B. im nicht protokollierten Teil der Ratssitzung vom 24.09.1997

[44] Briefe der Paters H-G H. vom 12.10.2002, vom 23.10.2002, vom 19.12.2002. vom 27.06.2005, sämtlich im Besitz des Verfassers

[45] Sr. E. am 14.02.2018 per Telefonat mit dem Verfasser.

Die Perfidie dieser Aktion von Thuine und seine Missbräuchlichkeit zeigen sich darin, dass mit der unbewiesenen These und der daraus folgenden absolut gesetzten Prämisse des Gedenksteins nicht nur dafür empfängliche Personen aus der nahen Umgebung angelockt wurden. Auch die direkten Familienangehörigen der Absturzopfer, die von der anderen Seite des Erdballs her nach Thuine reisten, wurden dieser Infomation ausgesetzt. Und sie wurde ihnen durch mehrere Gedenkfeiern und vielerlei Korrespondenz verstärkend ins Bewusstsein gepflanzt. Das führte dazu, dass selbst die Angehörigen des Militärs aus der Offiziersetage kaum Differenzierungen vornahmen und der glorifizierenden Zelebration freien Lauf ließen. Mehr noch, sie unterstützten diese zweifelhafte These, indem sie aktiv an den feierlichen Ritualen teilnahmen.

Wer in solcher Situation aufklärend und sachlich differenzierend an die Ereignisse heran gehen will, hat von vornherein schlechte Karten. Seine Arbeit dient zwar der Wahrheitsfindung, aber sie enttäuscht die betroffenen Angehörigen, die den Halbinformationen aufgesessen sind. Er zieht sich den Unmut derer zu, die sich an die unüberprüfte These klammern. Und er wird als Querulant und Unruhestifter diffamiert, wenn er Differenzierungen vornimmt.

Hier eröffnet sich eine neue (wenig) verblüffende Parallele zu den Geschehnissen von Heede. Wie die Seherinnen der Muttergottes von Heede können die Urheber der Legende von Thuine sich mit ihrer angreifbaren, phantastischen und nicht überprüfbaren Geschichte vorarbeiten in den Mittelpunkt der Glaubenden. Und sie erwerben deren Ansehen und deren tief ergriffene, dankbare Beachtung. Die umfänglich dokumentierten Dankesschreiben der betroffenen Angehörigen in dem Ordner des Gemeindearchivs „Flugzeugabsturz 25.08.1977" werden noch lange davon Zeugnis ablegen. In Heede wie in Thuine werden die Boten des Wunderbaren belohnt mit Anerkennung und Aufmerksamkeit. Sie erfahren Bestätigung und können sich so bestärkt fühlen in dem sich selbst erzeugten Gefühl, etwas Gutes getan zu haben.

9. Die Besonderheit des Ortes Thuine - Sein Alleinstellungsmerkmal

Bevor die Dissertation von Maria Anna Zumholz über die Marienerscheinungen von Heede verlegt wurde, hatte die Autorin schon Teile daraus vorab veröffentlicht. Dadurch entzündete sich eine Leserbriefdiskussion im Kirchenboten der Diözese Osnabrück.

> „ ...Die Leserbriefschreiber stießen sich vor allem daran, daß hier ein ganz anderes Bild der Ereignisse in Heede gezeichnet wurde, als in den bisherigen Darstellungen, die alle Wiedersprüche geglättet und alle negativen Aspekte ausgeblendet hätten. Gläubige Leser müßten ja den Eindruck haben, 'als seien sie jahrelang einer Lüge aufgesessen`, schreibt Schwester Maria Consolatrix aus Papenburg. Ein differenzierter historischer Zugang zu den wunderbaren Phänomenen in Heede ... wurde von vielen Leserbriefschreibern als persönliche Verletzung religiöser Gefühle empfunden, ... "[46]

---

[46] Zumholz, S. 661

An die Dimensionen von Heede reicht der Pilotenstein von Thuine nicht heran, wenn sich auch gewisse Parallelen ergeben. Auch hier stießen Aufklärungsbemühungen auf Widerstand, auch hier fühlten sich Menschen angegriffen, die von der „Volksleidenschaft für das Wunderbare" infiziert waren. Erstaunlich ist auch hier die Unbändigkeit der Energie, mit dem das hiesige Modell der „Volksleidenschaft" sich gegen die weitgehende Teilnahmslosigkeit der Öffentlichkeit durchsetzt.

Der Aktenordner der Gemeinde Thuine mit der Aufschrift „Flugzeugabsturz 25.08.1977" ist gefüllt mit Fotos, Presseberichten, Zelebrationskonzepten für Gedenkfeiern und einer beachtlichen Menge an Korrespondenz mit Angehörigen der Absturzopfer. Überschwenglich danken diese der Gemeinde für die so freundliche und so würdigende sowie überaus ehrende Art, wie sie das Gedenken ihrer verstorbenen Angehörigen pflegt.

Aber alle Korrespondenz und alle Unterlagen, die in der Akte zu finden sind, stehen unter der Prämisse, die auf dem Stein ausgestellt ist: „Sie gaben ihr Leben, um die Menschen von Thuine vor einer Katastrophe zu bewahren". Und für diese Prämisse gibt es keine einzige wirklich ernst zu nehmende und solide Information, die einem genaueren Hinterfragen standhalten würde. Nicht über ein einziges aussagefähiges Dokument verfügt die Gemeinde, das diesen zitierten Satz rechtfertigt.

Und sie verfügt bis zum Stand vom 31. Oktober 2019 über keine einzige Zeugenaussage, die sie als unterschriebenes Dokument in der Akte abheften und aufbewahren könnte. Die einzige überprüfbare Tatsache, die objektiv festgestellt werden kann, ist der Umstand, dass am 25.08.1977 ein Flugzeug in der Nähe der Ortschaft Thuine auf einen Acker stürzte und die beiden Piloten dabei ums Leben kamen. Ob das Unglücksflugzeug den Ort überquert hat, oder ob es an dem Ort vorbeigeflogen ist, kann mit den hiesigen Mitteln schon nicht mehr festgestellt werden. Der ganze volksfromme Aktionismus um den Satz „Sie gaben ihr Leben ..." entspringt der Phantasie. Diese forsch und voreilig aufgestellte Hypothese hält einer Überprüfung nicht stand.

Mit diesem Denkmal und der darauf verkündeten Botschaft erreicht die Gemeinde Thuine ein Alleinstellungsmerkmal, das bundesweit seinesgleichen sucht. Auch in Vechta kam es zwei Jahre zuvor, am 2. Mai 1975 zu dem Absturz eines belgischen Kampfflugzeuges vom Typ „Mirage". Es stürzte in die letzte Häuserzeile einer Wohnsiedlung an der Oyther Straße. Dabei starben zehn Menschen, darunter der Pilot, der die Maschine nicht verlassen hatte. Zahlreiche andere wurden verletzt[47]. Direkt hinter der Häuserzeile fing freies Feld an, auf welches das Flugzeug hätte landen können, ohne unbeteiligte Personen zu verletzten. Auch hier wurde im Einsatzbericht der Feuerwehr darüber spekuliert, dass der Pilot sich geopfert habe, um andere Menschen zu retten.[48] Zu einem vergleichbaren Aktionismus wie in Thuine führte das hier aber nicht[49].

---

[47] Christoph Floren, Vor 30 Jahren: Details einer Katastrohe, in: Online-Ausgabe der Nordwest-Zeitung vom 30.04.2005 (https://www.nwzonline.de/vechta/vor-30-jahren-details-einer-katastrophe_a_6,1,4119738483.html), zuletzt eingesehen am 31.10.2019 (weiterhin: NWZ/Floren)

[48] Der Verfasser ist über diese Katastrophe aus eigenem Erleben informiert, weil er zur gegebenen Zeit über einen Wohnsitz in Vechta verfügte. Vgl. auch: NWZ/Floren

[49] Das mag auch deswegen zutreffen, weil an anderer Stelle festgestellt wurde, dass der Pilot vergeblich versucht hatte, seinen Schleudersitz zu betätigen.

Leidenschaft oder Opportunismus? - Wo liegen die Ursachen dieser volksfrommen Aktivität?

Das Phänomen dieses volksfrommen Aktionismus zog sich über mindestens 15 Jahre hin mit dem Ergebnis der dauernden Hinterlassenschaft dieses Denkmals. Um das zu verstehen und einzuordnen, ist wohl auch folgendes zu bedenken.

In dem Dorf Thuine mit weniger als 2000 Einwohnern hat die weltweit tätige Kongration der Thuiner Franziskanerinnen ihre klösterliche Zentrale. Sie verschafft vielen Bürgerinnen und Bürgern Arbeitsplätze. Sie verschafft der Wirtschaft beachtliche gewerbliche Aufträge. Und, nicht zu vergessen, einige Politiker erhoffen sich von hierher auch eine Aufbesserung ihrer Wahlergebnisse.

Schon von der häuslichen Erziehung her bringt man Respekt auf für Menschen, die sich für ein Leben in der Enthaltsamkeit eines Klosters entscheiden. Zu dem ohnehin vorhandenen Respekt suchen viele Menschen dieser Gemeinde auch aus ganz pragmatischen Gründen die Sympathien dieser Einrichtung zu erwerben und zu pflegen, gehe es um einen Arbeitsplatz, um eine gute geschäftliche Beziehung oder auch nur um einzelne Bekanntschaften mit Angehörigen dieser Klostergemeinschaft.

Und vor allen Dingen suchen die Bürgerinnen und Bürger von Thuine, sich diese Sympathien nicht zu verderben. Das Kloster mit seiner langen wohltätigen Geschichte, die von jeher dem Ort Thuine zugute gekommen ist, genießt besonderes Ansehen, ebenso wie der Orden der Franziskanerinnen und alles, was dazu gehört. Die ungeteilte Achtung und der Respekt der Dorfbevölkerung ist den Thuiner Schwestern von jeher gewiss. Niemand setzt sich gerne in Widerspruch zum Kloster und seiner Geistlichkeit.

So kann man spekulieren über einen Effekt des „Andienens" einerseits, sowie über einen Effekt der respektvollen und diskreten Zurückhaltung auf der anderen Seite. In den Vorstellungen von den Lebensprinzipien hinter Klostermauern geht man davon aus, dass mit dem Orden immer auch eine besondere Sympathie für fromme und weltentrückte Dinge zu verbinden ist. Mit der Unterstützung für „das Wunderbare" sucht man also, die besondere Anerkennung der Ordensangehörigen zu erwerben. Und man vermeidet es, sich zu distanzieren, wenn man selber mit der dementsprechend vertretenen Linie nicht übereinstimmt. Das ist besonders dann der Fall, wenn man die Ursprünge dieser Linie mit dem Kloster verbindet.

Ob man mit solchen Vorstellungs- und Verhaltensmustern auf die tatsächlichen und realen Grundhaltungen der vielen Angehörigen des Klosters trifft, muss an anderer Stelle geklärt werden. Die Auskünfte darüber dürften vielfältig und unterschiedlich ausfallen. Aber die Besonderheit dieses ansonsten recht normalen und gewöhnlichen Ortes Thuine dürfte mit diesen Bemerkungen einigermaßen treffend umrissen sein.

Die Logik dieser Einordnung wird durch das Verhalten des aktuellen Gemeinderates von Thuine eher bestätigt als widerlegt. Denn der ist an einer abschließenden Aufarbeitung der Dinge nicht interessiert. Auf den Vorschlag, weitere Forschungen anzustellen, reagiert er abweisend. In einer Email vom 27.09.2017 teilt der Bürgermeister mit:

„... der Gemeinderat der Gemeinde Thuine hat sich gestern, am 26.09.17, in der nicht öffentlichen Sitzung ausgiebig mit dem Thema auseinandergesetzt.

Man war einstimmig der Auffassung, das Thema nicht erneut aufzugreifen, auch wenn der eine oder andere Punkt nicht geklärt ist.

Wenn neue Dokumente (Zeugenaufzeichnungen mit Namen) vorhanden sind, die der Sache und der Aufklärung dienen, so würden wir diese im Gemeindearchiv „Ordner Flugzeugabsturz 25.08.1977" abheften. Damit sind die kompletten Dokumente zusammen abgeheftet und jederzeit zugänglich.

Für den Gemeinderat gilt das Thema damit als abgehandelt. ... "[50]

Dieser Beschluss lässt sich auch so lesen: „Wir wollen es nicht wissen, und die Bürgerinnen und Bürger von Thuine sollen es auch nicht erfahren. Und ernstzunehmende Zeugenaussagen sind so abzuheften, dass sie auf absehbare Zeit keine Wirkung erzielen werden."

An dieser Stelle ergibt sich eine weitere Parallele. Es könnte auch mehr sein, vielleicht ist es eine Wiederholung. Weil der Bürgermeister und wenige weitere Ratsmitglieder eine Erwartung haben, ordnen sich die anderen dem unter und akzeptieren deren Anliegen solidarisch. So war es während der gesamten Geschichte des Denkmals. Ob es diesmal wieder so ist, kann nur spekuliert werden. Solche Spekulation wird aber durch die Einstimmigkeit dieses Beschlusses nahegelegt. Was sonst macht die elf Ratsmitglieder so einig? Um die Sehnsucht nach Wunderbarem wird es in diesem aktuellen Fall nicht gehen. Worum es aber geht, wird jedes Ratsmitglied selber, einzeln und getrennt voneinander beantworten können.

Ausblick

Der Gedenkstein liegt in gepflegter Idylle, leicht versteckt, aber doch sichtbar. Er steht zur Verfügung für das spirituelle Bedürfnis eines jeden, ob allein oder in Gruppen. Das wird gelten, solange der Bedarf danach besteht und er Liebhaber findet, die sich um seine Pflege kümmern. Er steht auf drei Sockeln, die seinen Langzeitcharakter gewährleisten:

- Erster Sockel: Das wetterfeste Fundament aus Beton und Mörtel, fachmännisch verarbeitet.
- Zweiter Sockel: Die Tatsache, dass hier zwei Piloten bei einem Einsatz im Zusammenhang mit den nato-staatlichen Verteidigungsstrategien des Kalten Krieges ums Leben kamen. Da haben sie ein Andenken verdient, vielleicht mehr als die vielen Verkehrsopfer, die auf bundesdeutschen Straßen ums Leben kommen. Auch die dafür errichteten provisorischen Denkmäler haben mitunter eine recht lange Lebensdauer.

---

[50] Email des Bürgemeisters vom 27.09.2017

- Dritter Sockel: Die Legende von ihrer Selbstaufopferung, um das Leben anderer zu schützen. Niemand wird diese einmal erzeugte Vorstellung, die sich in den Köpfen der besonders betroffenen Menschen gebildet und festgesetzt hat, wieder zerstören wollen. Hierin liegt die Perfidie und die Missbräuchlichkeit der so laxen und lässigen Recherche des Unfallgeschehens und seiner so extrem voreiligen und einseitigen Auslegung.

Sollte diese Zeit des aktiven Erinnerns einmal zu Ende gehen, wird im Laufe vieler Jahre Gras und Gebüsch über den Stein wachsen. Das haben klein geratene und mit Spontaneität aufgestellte Denkmäler so an sich. Und dann, nach noch mehr Jahren vielleicht, wird es jemanden geben, der gezielt danach sucht oder zufällig darüber stolpert. Der könnte dann auf die Idee kommen, diesen Stein von seinem Bewuchs zu befreien und die entscheidende Frage zu stellen: „Was ist das für ein Stein?"

Abb.6: Gedenkstein für die US-Piloten

Der ferne Sinn des vorliegenden Aufsatzes ist es, zur Beantwortung dieser Frage einen Beitrag zu leisten. Der nahe Sinn ist es, die aktuellen Erscheinungen der Gegenwartspolitik zu erkennen, genauer zu erfassen und transparent zu machen. Was von diesem Gemeinderat getreu seines Einstimmigkeitsbeschlusses nicht zu erwarten ist, könnte ein nächster Gemeinderat sich zur Aufgabe machen: Den Stein so zu gestalten, dass er das Andenken an die Toten wahrt und ihrer ehrend gedenkt, ohne dass das spirituelle Bedürfnis der davor Weilenden mit Einseitigkeit und Halbinformationen irreführend infiziert wird.

Über allem steht das immer geltende Grundrecht des Artikels 4 des Grundgesetzes, die Glaubensfreiheit. Der Glaube ist so frei, wie die Gedanken frei sind. Für seine spirituelle Selbstverwirklichung braucht der Glaubende keine Beweise oder Gegenbeweise, nur ehrliche und möglichst umfassende Information. Dafür zu sorgen, ist vornehme Aufgabe der

Personen, die sich um das Vertrauen dieser Glaubenden sowie um das der „dankbaren Einwohner von Thuine" beworben haben, und denen es per Wahl zugesprochen worden ist. Das ist der Gemeinderat und allen voran der jeweils amtierende Bürgermeister.

Wenn die Vertreter der Gemeinde in öffentlicher Mission Halbinformationen dulden, streuen oder befördern, hat das was mit Ehrlichkeit zu tun und mit Respekt für ihre Bürgerinnen und Bürger. Es hat auch etwas zu tun mit Achtung vor den religiösen Gefühlen der Menschen und mit Menschenwürde. Ganz besonders hat es zu tun mit Anstand gegenüber den besonders betroffenen Angehörigen der hier zu Tode gekommenen Flugzeugführer.

Der Stein steht für die verunglückten Piloten. Er steht, ob gewollt oder ungewollt, aber auch für die Halbinformationen, durch die seine Existenz überhaupt erst ermöglicht wurde. Halbinformationen sind Falschinformationen. Sie täuschen die Einzelpersonen und missachten deren Eigenverantwortlichkeit und deren Souveränität. Und sie missachten die spirituelle Eigenständigkeit jeder einzelnen Peson. Den betroffenen Angehörigen ist damit nicht wirklich gedient, ebensowenig wie den Bürgerinnen und Bürgern der Gemeinde.

Der Gedenkstein steht auch dafür, dass über viele Jahre die „Volksleidenschaft für das Wunderbare" den Teil der Bevölkerung von Thuine dominieren konnte, der für differenziertere Informationen und für sachliche Aufklärung steht. Er wird noch lange stehen bleiben. Ob er auch anderweitig etwas auslösen wird in der zwischen Kloster und Kirche von Volksfrömmigkeit beeinflussten Gemeinde Thuine, ist dagegen ungewiss und bleibt abzuwarten.

Jede Frau und jeder Mann sei eingeladen zur Lektüre dieses Aufsatzes genauso wie zur Ergänzung, Korrektur und Kritik der darin enthaltenen Informationen. Demokratie kommt ohne den Austausch von Informationen und ohne Diskussion nicht aus. Wo nicht diskutiert wird, steht der Geist still. Da breitet sich Armut aus. Weder die Wahrheit noch der liebe Gott rücken dadurch auch nur ein winzig kleines Stückchen näher.

Besser mal streiten, als jeder Diskussion aus dem Wege zu gehen! Auch darin liegt ein Sinn dieser Arbeit.

„Eine Demokratie, in der nicht gestritten wird, ist keine"
(Zitat von dem verstorbenen Altbundeskanzler Helmut Schmidt[51])

---

[51] Hier übenommen aus der Wochenzeitung „Die Zeit", Nr. 45 vom 30. Oktober 2019, S. 12

Anlagen

Anlage 1: Zeitzeugenbericht Schmees, Bl. 1[52]

Thuine, den 30. August 2017

Betr.: Flugzeugabsturz in Thuine vom 25. August 1977
Zeitzeugenbericht von Bauer Bernhard Schmees, Thuine, aufgenommen und protokolliert von Anton Wiechmann

Anlässlich des neuerlichen Berichtes in der Lingener Tagespost vom 25. August 2017 **„Vor 40 Jahren: Kampfjet stürzt bei Thuine ab"** gebe ich meine Erinnerungen in folgender Weise wider:

Am 25. August 1977 arbeitete ich zur Zeit des Flugzeugabsturzes auf meinem Acker in unmittelbarer Nähe zu der Absturzstelle. Fluglärm durch überfliegende Kampfflugzeuge war zu der Zeit etwas Alltägliches und kein Grund zu besonderer Aufmerksamkeit. In diesem Fall aber kündigten sich die herannahenden Flugzeuge mit einer solchen Lautstärke an, dass ich mir die Ohren zuhielt.

Da tauchten über dem Eichenbestand des nahen bäuerlichen Anwesens von Leo Menke die zwei Kampfjets auf, ein drittes habe ich nicht wahrgenommen. Ungewöhnliche Qualmentwicklung und seitliches Taumeln oder Wackeln der Flugzeuge waren für mich nicht zu erkennen. Auch kann ich nichts über die Flugbahn sagen, die die Flugzeuge genommen haben, bevor sie mir ins Blickfeld rückten.

Diese beiden Kampfjets flogen sehr nahe beieinander. Die in Flugrichtung rechts fliegende Maschine flog mit halber Länge leicht versetzt vor der anderen. Plötzlich setzte sie zu einer scharfen Linkskurve an und schnitt dabei ganz eng die Flugbahn der linken Maschine. Diese Flugänderung hätte der links fliegende Jet mitmachen müssen. Ich hatte den Eindruck, dass das auch ansatzweise geschah, war aber wohl nicht rechtzeitig genug.

Bei diesem Manöver stürzte das linke Flugzeug mit der Nase nach vorn ab. Ich stelle mir vor, dass Luftverwirbelungen dabei eine Rolle spielten. Ob sich die beiden Flugzeuge bei diesem Manöver berührten, kann ich nicht sagen.

Kurz vor der Bodenberührung, also in etwa 10 Metern Höhe konnte das Flugzeug sich stabilisieren und hatte eine waagerechte Position erreicht. Vermutlich durch die nachwirkende Kraft der hohen Fallgeschwindigkeit bedingt konnte es sich aber trotzdem nicht mehr auffangen. Es prallte etwa 80 Meter weiter auf den Ackerboden auf. Dabei entstand ein kurzer, nach meinem Empfinden nur Sekunden andauernder Feuerball.

---

[52] Schriftliche Abdruckgenehmigung vom Zeitzeugen erteilt am 18.11.2019

noch Anl. 1: Zeitzeugenbericht Schmees, Bl. 2[53]

Etwa 150 Meter stand ich von der Flugbahn entfernt. Da das Flugzeug die Höhe meines Standortes schon passiert hatte, flogen die Trümmerteile in die mir entgegengesetzte Richtung. An einigen Stellen setzten sie die Stoppeln der abgeernteten Getreidefelder in Brand.

Ich näherte mich der Unfallstelle, um festzustellen, ob sich ein Lebenszeichen ergäbe. Da das nicht der Fall war, beließ ich es bei einem sicheren Abstand. Und es dauerte nicht lange, bis Militärangehörige eintrafen, um die Absturzstelle zu sichern.

Zusammen mit einem ortsansässigen Luftwaffenoffizier besuchten mich später zwei amerikanische Offziere. Denen habe ich diesen Sachverhalt so mitgeteilt, wie von mir beobachtet. Auch bei einer der späteren Veranstaltungen zu Ehren der Piloten war ich in der Gaststätte Bruns anwesend. Es waren auch Angehörige der Absturzopfer dabei. Hier habe ich einen Ansatz gemacht, die Dinge nach meinen Beobachtungen darzulegen, konnte aber mit meinen Ausführungen nicht durchdringen.

___B. Schmees___   ___A. Wiechmann___
Zeitzeuge   (Protokollant)

---

[53] Schriftliche Abdruckgenehmigung vom Zeitzeugen erteilt am 18.11.2019

Anl. 2: anonymisiertes Redemanuskript 1997, Bl. 1 [54]

Lingen, 25.08.1997

Sehr geehrte Damen und Herren!

Ich möchte Sie heute an dieser Stelle sehr herzlich zu der feierlichen Einweihung des Gedenksteins für zwei amerikanische Piloten
begrüßen.
Mir fällt die besondere Ehre als Mitglied der Vermißtensuchgruppe
zu, Sie hier begrüßen zu dürfen, was ich natürlich gerne wahrnehme.
Begrüßen möchte ich den Bürgermeister von Thuine, Herrn Buten,-
dann den Pfarrer des Ortes,
den Vorsitzenden des Heimatvereins von Thuine, Herrn Bernd Lau,-
die Abordnung des Krankenhauses Thuine -
und die ehrwürdigen Schwestern des Klosters Thuine.
Besonders begrüßen möchte ich auch die Abordnung des Jagdgeschwaders
72 aus Rheine,-
ebenso herzlich die Abordnung der amerikanischen Luftwaffe aus
Ramstein, die den weiten Weg nach Thuine auf sich genommen hat,
um bei dieser Feier zugegen zu sein. Bedanken möchte ich mich vor
allem bei Herrn Hofmann, durch dessen großes Engagement die Namen
der Besatzung der hier abgestürzten Phantom ermittelt werden konnte,
und nicht zuletzt möchte ich die Nachbarn begrüßen, die den Gedenkstein unter ihre besondere Obacht nehmen wollen, wofür ich mich
schon jetzt bedanken möchte,
und alle, die sonst noch hier erschienen sind, seien Sie alle
herzlich begrüßt zu der heutigen Feier.
Ich möchte mich besonders dafür bedanken, daß in Thuine der Gedanke,
einen Gedenkstein aufzurichten überall offene Ohren fand und viele
helfende Hände. Dafür seien Sie herzlich bedankt.

---

[54] Fundort: Archiv der Gemeinde Thuine, Akte „Flugzeugabsturz 25.08.1977, (Abdruckgenehmigung der
Gemeinde liegt vor / Email vom 16.11.2019)

noch Anl. 2: anonymisiertes Redemanuskript 1997, Bl. 2[55]

Heute vor 20 Jahren, am 25. August 1977 um die Mittagszeit, näherten sich zwei amerikanische Düsenjäger vom Typ Phantom - unbewaffnete Aufklärungsmaschinen - in niedriger Höhe fliegend, dem Ort Thuine. Nach Augenzeugenberichten qualmte eine Maschine und "wackelte", befand sich also in Luftnot.

Für die beiden Besatzungsmitglieder wäre es nun höchste Zeit gewesen, mit dem Schleudersitz das Flugzeug zu verlassen, um ihr Leben zu retten. - Sie nahmen diese letzte Gelegenheit nicht wahr, da das abstürzende Flugzeug in den Ort Thuine, auf das Krankenhaus und das Kloster zu stürzen drohte.

Sie steuerten die waidwunde Phantom noch über die Ortschaft und konnten das nun außer Kontrolle geratene Flugzeug nicht mehr verlassen.

Captain Ken SEDER, der Pilot und Lieutenant Al AERTKER, der Kampfbeobachter, starben beim Aufschlag ihres Flugzeuges an dieser Stelle.

Die begleitende zweite Phantom kreiste über der Absturzstelle und verließ dann die Unglücksstelle in Richtung England, von wo beide Flugzeuge gestartet waren.

Die fast unausweichliche Katastrophe für Thuine war durch zwei tapfere Soldaten unter Einsatz ihres eigenen Lebens abgewendet worden.

Um dieser selbstlosen Tat zu gedenken, stehen wir heute hier, und dieser Gedenkstein soll an die beiden tapferen amerikanischen Flieger für alle Zeiten erinnern.

In Dankbarkeit können wir Captain SEDER und Lieutenant AERTKER sagen: Niemand verdient mehr Liebe und mehr Achtung als der, der sein Leben gibt für seine Freunde.

---

[55] (Abdruckgenehmigung der Gemeinde liegt vor / Email vom 16.11.2019)

Anl. 3: anonymisiertes Redemanuskript 2002, Bl. 1[56]

25 Jahre nach dem Absturz einer US-Phantom bei Thuine am 25. August 1977

1. Begrüßung der Teilnehmer
   Danksagung an die Nachbarn des Gedenksteines für die Pflege

2. Am Tage des Absturzes kam ich durch Zufall an der Unglücksstelle vorbei und konnte die vielen kleinen Trümmerteile des Absturzes auf dem Acker hinter mir sehen. Mein Gedanke damals war: Wenn sich in diesem Flugzeug noch jemand befunden hat, dann kann er das nicht überlebt haben. Das bewahrheitete sich ja später auch: Die beiden Besatzungsmitglieder waren bei dem Absturz ums Leben gekommen.
   Damals war die Zeit des kalten Krieges und viele Soldaten mussten in diesen Jahren ihr Leben opfern, um den Frieden zu erhalten. So weiß ich, dass im Jahre 1963 weit mehr als hundert Soldaten der Bundeswehr ums Leben gekommen sind – und das in Friedenszeiten.

3. In einem Gespräch mit Bernd Lau vom Heimatverein Thuine stellte sich heraus, dass die Namen der beiden amerikanischen Besatzungsmitglieder im Ort nicht bekannt waren. Es bedurfte mehr als ein Jahr, bis ich die Namen von Lieutenant Al Aertker (posthum zum Captain befördert) und Captain Ken Seder herausfinden konnte.
   Aus den Umständen des Absturzes – Augenzeugen berichteten von einem „wackelnden" und rauchenden Flugzeug, das von einem anderen begleitet wurde – geht ganz klar hervor, dass die Besatzung des Flugzeuges auf einem Ausschuss mit dem Schleudersitz verzichtet hat, um sich zu retten, was zu diesem Zeitpunkt ohne weiteres noch möglich gewesen wäre. Später stellte sich heraus, dass der Pilot Cpt. Seder nicht mehr die Maschine flog, sondern der Kampfbeobachter Lt. Aertker vom hinteren Sitz aus. Wie mir von KBOs bestätigt wurde, ist ein Kampfbeobachter durchaus in der Lage dieses Flugzeug zu fliegen und auch „richtig" zu fliegen. Für Lt. Aertker wäre es auch möglich gewesen, den Schleudersitz zu betätigen. Das hätte zur Folge gehabt, dass automatisch zuerst der KBO und dann der Pilot mitsamt dem Sitz aus dem Flugzeug herausgeschleudert worden wäre. die Maschine wäre dann unkontrolliert zu Boden gegangen. In diesem Falle wäre es aller Wahrscheinlichkeit nach in den Ort Thuine gestürzt, was für
   Lieutenant Aertker von oben nur allzu deutlich zu sehen war. Von oben kann man sehr genau erkennen, was sich unten befindet. Ein Krankenhaus, eine Schule oder das Kloster sind einwandfrei mit einem Blick zu identifizieren. Um Schaden von dem Dorf abzuwenden, war also eine blitzschnelle Entscheidung des Piloten nötig und er hat sie getroffen. In soldatischer Pflichterfüllung wurde jedes Risiko vermieden, auch wenn es für die Besatzung den Tod bedeutete. Ein Oberst der US-Luftwaffe sagte einmal an diesem Stein, dass die beiden Piloten das getan hätten, was zu tun gewesen sei und dass es ihre Pflicht gewesen sei, sich für das Wohl der Zivilbevölkerung zu entscheiden.

4. Einweihung des Gedenksteines 1997

5. Endlich war es auch gelungen, mit den Verwandten der beiden Piloten Kontakt aufzunehmen, wobei sich herausstellte, dass die Witwe von Al Aertker noch Verwandte im Münsterland hatte. Es waren bewegende Momente als im Jahr 1998 die Angehörigen an der Feier an diesem Gedenkstein teilnehmen konnten

6. Mir scheint, dass sich um diesen Absturz noch Geheimnisse ranken, die vielleicht eines Tages gelüftet werden, aber dann wird es wohl kaum noch jemanden interessieren.

---

[56] (Abdruckgenehmigung der Gemeinde liegt vor / Email vom 16.11.2019)

noch Anl. 3: anonymisiertes Redemanuskript 2002, Bl. 2[57]

7. Hinweis auf Absturz eines B-17 Bombers der US-Luftwaffe neben der Absturzstelle der Phantom.
   Am 11. Januar 1944 starb hier Staffsergeant John Smith, weil sich sein Fallschirm nicht geöffnet hatte.

8. Dank an die beiden Piloten mit der letzten Strophe eines Gedichtes eines Soldaten aus dem 1.Weltkrieg (Hans-Friedrich Blunck).

   Tod ist nicht dem Tode gleich.- Wer sein Leben gewagt,
   Priester und Krieger, um Recht für sein Volk zu empfangen,
   wird vorm ewgen Gesetz in Ehren prangen,
   und vorm Lebendigen stirbt nur, wer sich versagt.

   So wollen wir Lebendigen diesen beiden tapferen Männern heute die Ehre erweisen,
   die sie sich durch ihre herausragende Tat erworben haben.

---

[57] (Abdruckgenehmigung der Gemeinde liegt vor / Email vom 16.11.2019)

Anlage 4: Thuiner Echo, Herbstausgabe 2005[58]

Gedenkstunde für die US-Piloten

Am Gedenkstein konnte stellvertretender Bürgermeister Dieter Mosler 40 Teilnehmer(innen) aus Thuine und Venslage sowie Schwestern des Klosters und

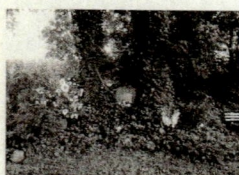

besonders Pater Heinz-Günther Hilgefort und Pfarrer Bernhard Wessendarp begrüßen. Er erinnerte an den Flugzeugabsturz, bei dem am 25. August 1977 die US-Piloten Captain Kenneth Seder und Captain Alan Aertker starben.

Herr Joachim Eickhoff, Leiter der Ikarus-Suchgruppe, schilderte die Umstände des Absturzes und hob hervor, dass die Piloten auf die Auslösung des Schleudersitzes verzichtet hätten, um im Dorf eine Katastrophe zu verhindern. Er würdigte die selbstlose Handlungsweise der US-Piloten.

Danach legte stellvertretender Bürgermeister Dieter Mosler eine Pflanzenschale am Gedenkstein nieder und gedachte mit den Teilnehmern der US-Piloten. Im geistlichen Gedenken hob Pater Heinz-Günther Hilgefort hervor, dass die US-Piloten Kenneth Seder und Alan Aertker verantwortungsvoll gehandelt hätten, „um großes Unheil abzuwenden. So sind sie doppelt Freunde geworden und sollen es bleiben.

Deshalb kommen wir jedes Jahr. Jedes Jahr zur selben Zeit. So bleibt Freundschaft erhalten. So kann Freundschaft halten.

Dieser Stein lädt ein zu einem kleinen Verweilen. Alles ist so schnell vorbei, und da tut es gut, ein Weilchen inne zu halten und Geschichte einzulassen, Geschichte, die uns wichtig ist. Und das dürfen sie alle wissen, das sol-

Jahresausflug des Heimatvereins

Ziel der diesjährigen Ausflugsfahrt des Heimatvereins waren Bad Iburg und Glane, wo der ehemalige Thuiner Arnold Kuiter als Pfarrer eingesetzt ist.

30 Personen nahmen am Sonntag, dem 14. August 2005 an der Fahrt teil. Mit dem Bus der Fa. Surmann wurde zuerst Glane besucht. Nach einer kurzen Begrüßung durch Arnold Kuiter gab es im Gasthof Wiemann-Sander Kaffee und Kuchen. Anschließend erfolgte eine Führung durch die Glaner Kirche und durch Averbecks-Speicher, der als Heimathaus ausgebaut wurde. Hier war u. a. eine Paramenten-Ausstellung zu besichtigen. Dann ging es weiter nach Bad Iburg zur Besichtigung des Schlosses und der Schlosskirche. Anschließend wurde noch eine hl. Messe mit Pastor Arnold Kuiter in Iburg gefeiert. Leider musste danach bereits Abschied genommen werden. Mit einem herzlichen Dankeschön an Arnold Kuiter für diesen schönen Nachmittag wurde der Rückweg nach Thuine angetreten. Unterwegs wurde noch ein kleiner Abschluss gemacht. Für alle Beteiligten war es ein erlebnisreicher Tag.

len sie alle erfahren, auch wenn es einem nicht gefällt. Das ist für uns keine Wallfahrtsliturgie, sondern Freundschaftsdienst und ehrlicher Dank. Unser Verweilen weitet uns

den Blick für andere Wirklichkeiten, die mit der Vergänglichkeit der Tagespolitik nichts zu tun hat. Ein Blick nicht nur nach oben, zum Vater allen Lebens, zum Reich der Liebe, in dem wir unsere beiden verstorbenen Freunde wissen. Auch den Blick nach vorne, zum Bruder auf allen Wegen, die Gerechtigkeit und Frieden in sich tragen. Wer seine Pflicht tut, ist noch kein Heiliger. Wer in seiner Pflicht das Leben anderer schützt, ist noch kein Heiliger. Aber er ist ein Freund und gehört zu uns. Die Namen sind nicht eingetragen in die Liste der Einwohner, wohl aber ins Verzeichnis uns wichtiger Ereignisse.

Wer gedenkt – der denkt ... Und wer denkt – weiß sich verdankt.

Wer sich aber verdankt weiß, bekommt Boden unter seinen Füßen für all seine Träume und Hoffnungen auf mehr Frieden und gefülltem Leben schon jetzt. So denken wir gern an diese beiden, deren Namen uns wichtig sind. Und wir danken den beiden, die uns wichtiger nahmen als ihr Leben... Wir brauchen keine Anbetungskapelle, wir beten hier im Gedenken an zwei Menschen, die ihr Leben verloren, die diesen Verlust für uns zum Gewinn machten. Wir beten zu Gott, der ein Gott des Lebens ist, aber eben auch einer, der die Erinnerungen zum

Mittelpunkt des Glaubens macht." Nach dem Fürbittgebet sprachen alle das Vaterunser.

Bei der Gedenkstunde verlas Dieter Mosler eine E-Mail von Jake Gentry aus Atherton in Kalifornien, die die Gemeinde Thuine am 03.06.2005 erhielt:

„Ich schreibe Ihnen in Bezug auf den Flugzeugabsturz in der Nähe Ihres Dorfes am Donnerstag, 25. August 1977. Einige meiner Landsleute sind daran interessiert, ihr Dorf und die Stelle des Absturzes zum Anlass des 30. Jahrestages im Jahr 2007 zu besuchen. Wir freuen uns sehr auf diesen Besuch. In diesem Zusammenhang sammeln wir Informationen über den Absturz, um diese auf der Internetseite, welche wir den bei dem Absturz ums Leben gekommenen Besatzungsmitgliedern widmen wollen, zu veröffentlichen. Ich bin auf der Suche nach Fotos von der Absturzstelle, die von ortsansässigen Bewohnern oder der lokalen Presse gemacht wurden. Haben

Sie einige Vorschläge, wo ich solche Fotos finden könnte? Zufällig haben wir auf der Internetseite der Gemeinde Thuine gesehen, dass zu Ehren der Besatzung ein Gedenkstein errichtet wurde. Wir danken Ihnen sehr für diese Freundlichkeit.

Ich war einer derjenigen, die zu der Absturzstelle geschickt wurden, um bei der Trümmerbergung zu helfen. Ich bin Ihnen sehr dankbar, dass Sie die Erinnerung an die Besatzungsmitglieder aufrecht erhalten."

Die Gedenkstunde wurde mit Musikstücken durch die Thuiner Bläsergruppe unter der Leitung von Maria Gebbe eindrucksvoll verstärkt. Hinweis: Augenzeugen werden gebeten, ihre Berichte und Fotos im Gemeindebüro abzugeben.

Herbst 2005 // www.thuine.de

[58] (Abdruckgenehmigung der Gemeinde liegt vor / Email vom 16.11.2019)

Zeitfracht Medien GmbH
Ferdinand-Jühlke-Straße 7
99095 Erfurt, Deutschland
produktsicherheit@kolibri360.de